El viaje
del amor

NÚRIA ALSINA PUNSOLA

El viaje del amor

Una historia de deseo, gestación, nacimiento y crianza

Ilustrado por
Verónica Pérez Rodríguez

Grijalbo

Para ti, Nai, mi primera Hija,
que me has llevado de la mano
al viaje más profundo y más
auténtico que jamás me hubiera
imaginado poder vivir

Mamá

Introducción

La maternidad, la paternidad y la crianza
son procesos de vida transformadores,
que te llevan a sumergirte en las profundidades de las
emociones y del amor más auténtico.

Son un viaje de evolución increíble.

Cuando tienes la oportunidad de vivir esta experiencia desde la consciencia
y el acompañamiento, desde la reflexión y la revisión,
desde la aceptación y la humildad, es entonces cuando surge la magia y se revela
la grandeza de esta transformación y de esta gran oportunidad de crecimiento.

Este libro ilustrado también es un viaje.

Un viaje por algunas de las etapas que conforman los inicios
y las bases de este camino tan poderoso,
el camino de maternar,
paternar y criar.

El viaje del amor

Iniciamos este viaje desde el deseo,
desde esa semilla de amor que anida en tu interior,
dispuesta a florecer y a mostrarte
la grandeza de la vida.

En cada una de las etapas, vamos a reflexionar
sobre la mirada consciente y el acompañamiento respetuoso,
que van de la mano en este camino.

Gracias al arte mágico de Verónica,
las emociones han podido ir más allá de las palabras
y le han dado un sentido más profundo al mensaje.

Deseo que este viaje os llegue repleto del mismo amor
que hemos puesto en
desearlo,
gestarlo
y crearlo.

Te deseamos

Te deseamos

Todo viaje empieza con un deseo, una ilusión y una proyección.

En el caso del embarazo, ese deseo a veces es como una pulsión,
un impulso que te vibra desde lo más profundo,
un llamado de vida.

Cuando te escuchas y escuchas ese deseo,
ahí surge la proyección y la ilusión por iniciar el viaje.
Un viaje que te transforma para siempre.

Antes de iniciar el embarazo físico, puede existir una conexión
previa con ese Bebé deseado que está por venir.
A esto le podemos llamar «embarazo energético»,
y este dura más de nueves meses.

Hay quien cuenta que incluso ha soñado con el Bebé,
que le ha dicho su nombre, que le ha hablado.
Muchas veces suceden cosas «mágicas» durante este tiempo de
espera y deseo, como se recoge en el libro *Memorias del Cielo.**

**Memorias del Cielo*, Dr. Wayne W. Dyer y Dee Garnes

Poder abrirse a esta conexión y a este deseo
es el primer paso de apertura y consciencia, el poder prepararse
emocional, energética y físicamente para esta llegada,
para así propiciar que el encuentro sea lo más lleno de amor posible.

A veces puede suceder que ese Bebé haya sido encontrado,
una sorpresa de la vida,
posiblemente algún pacto más allá de nuestros recuerdos,
y es en ese momento cuando surge el deseo.

Es importante, en estos casos, poder explicarle al Bebé
que su llegada ha sido un encuentro inesperado,
y que a partir de ese momento, lo acogemos con todo el amor posible,
y que emprendemos juntos este viaje.

También hay bebés que se gestan en el deseo del corazón,
y que llegan a tu vida a través de una adopción,
y los hay, también, cuando te abres al amor como familia de acogida.

Y es que existen tantas opciones de gestar familia
como posibilidades de expandir amor.

Y es en la sencillez y la profundidad de esta expansión
donde encuentras la apertura auténtica a la vida.

Ya hemos soñado **contigo**,

y el deseo de **ti** nos

conecta con el

amor

más **auténtico**.

¿Cuál será tu
nombre?

¿A quién te
parecerás?

¿Cómo serás?

¿De qué color
tendrás los ojos?

Nuestro **amor**

y nuestro **deseo** son tu **hogar**.

Te esperamos cuando

quieras venir.

Dentro
de mí

Dentro de mí

Durante la gestación intrauterina, Mamá y Bebé están totalmente fusionados,
y para el Bebé no hay lugar mejor que el útero materno,
pues la contención y el amor que recibe ahí le dan seguridad y confort.

Es muy importante poder hablar con el Bebé,
poder explicarle cómo te sientes, poner palabras a las emociones
y a los sentimientos que te embargan, ya que posiblemente
eso mismo es lo que él está sintiendo.

A veces puede suceder que no podamos vivir el embarazo
tal como nos hubiera gustado o deseado y, en ese caso,
es todavía más importante poder poner palabras
y explicarle a tu Bebé cómo te sientes.

Durante la etapa de la maternidad,
puede suceder que cuando las expectativas no se cumplen,
aparezca la culpa, pues muchas veces
sentimos mucha presión externa e interna
durante esta etapa de la vida.

Es importante saber que la culpa
es como una moneda de doble cara;
en el otro lado está la responsabilidad,
y cuando optamos por situarnos en ella,
cuando nos hacemos responsables
de lo que sentimos y vivimos,
y podemos, por ejemplo,
poner palabras a nuestro Bebé
explicándole lo que nos pasa y sentimos,
asumimos la responsabilidad,
y la culpa se va desvaneciendo.

Si durante el embarazo podemos ir
compartiendo nuestro sentir con el Bebé,
cuando nazca ya será un hábito
muy saludable incorporado en el día a día.

Cuidarnos desde esta perspectiva durante el embarazo,
con esta mirada de consciencia
que contempla al Bebé como ser presente,
y cuidar además la alimentación y el movimiento físico
son algunos de los aspectos más importantes
que tenemos que observar en esta etapa.

Ángeles Hinojosa
fue pionera a la hora de hablar de la importancia
de escuchar las necesidades de los bebés,
y su legado, en nombre del respeto y la consciencia
hacia los seres que están por llegar,
es indispensable para alcanzar la máxima apertura y conexión
con el Bebé y contigo misma.

El embarazo es un proceso fisiológico y natural
de la etapa sexual de la mujer,
y es muy importante poder verlo y vivirlo
desde esta mirada al máximo siempre que sea posible.

Finalmente, y no menos importante,
no podemos olvidarnos de esos
bebés que durante la gestación se van,
que no siguen el camino de la vida
y se convierten en destellos de luz.

En estos casos el amor,
el acompañamiento,
el cuidado y el respeto
son imprescindibles
para estar cerca de las familias que transitan estas vivencias,
pues no podemos olvidarnos,
que también ellos son, sois, somos…
… madres y padres.

¡Ya estás aquí con nosotros!

Escuchas nuestra voz cuando te hablamos.

Te sientes protegido, seguro,

amado y contenido.

Sientes cada *caricia* a través de la piel....

Dentro de mí, sientes lo mismo que siento yo,

y por eso te explico cómo estoy,

para que puedas sentirte tranquilo y confiado.

Puedes escuchar el latido de mi *corazón*

y sentir la contención de mi útero

que te abraza,

acunándote

y *mimándote*.

Sentimos cada vez más tus movimientos

y nos encanta comunicarnos

contigo, ¡Bebé!

Sabemos lo importante que es para

ti escucharnos:

«Estoy aquí CONTIGO,

estás SEGURO.

Te ».

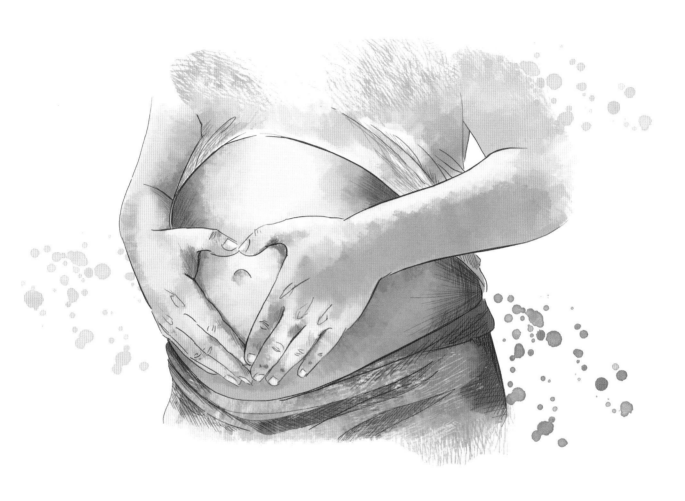

Y yo también estoy AQUÍ con vosotros,

al otro lado de la piel.

Nuestro viaje

Nuestro viaje

Parir y nacer.

Qué importante es este momento para la Mamá, y también para el Bebé.

A veces olvidamos que es una de las pocas experiencias vitales
que compartimos junto a otra persona, y que, a la vez,
son dos experiencias distintas.

Ambas tan importantes,
transformadoras y
trascendentales.

Si ponemos la mirada en el Bebé, es importante respetar
sus tiempos y su proceso y esperar que sea su momento de nacer.

Él nos avisará cuando llegue el momento, y escuchar su ritmo
es una gran muestra de confianza y consideración hacia él.

También lo es respetar el alumbramiento de la placenta,
ya sea con un nacimiento lotus o con el corte del cordón
cuando haya dejado de latir. Es crucial para cerrar este
viaje de la forma más cuidada posible.

Teniendo en cuenta a la Mamá, necesitamos crear un espacio
donde se pueda sentir segura, en confianza y en intimidad.

El entorno y las personas que acompañan este proceso son clave para que Mamá y Bebé
puedan entregarse juntos y de forma satisfactoria y respetada a la experiencia.

Al ser una experiencia compartida entre los dos, puede ser que a veces vivamos
situaciones que no sabemos por qué suceden de un modo u otro, y es que,
aunque nosotras tenemos nuestros deseos para el parto, el Bebé tiene los suyos y
unas necesidades concretas para su nacimiento que no podemos saber cuáles son.

Esto nos lleva a un gran aprendizaje de humildad, entrega, aceptación y confianza
en la vida y en nuestro camino de crecimiento.

Es, pues, desde la información y el acompañamiento respetuoso,
en el espacio que sientas que es mejor para ti y para tu Bebé, y desde el amor
y la confianza, desde donde nos podemos entregar a esta experiencia.

Cuando trascendemos hasta este sentir, cuando nos abrimos a la vida
y a lo que el Bebé necesita para nacer, nos entregamos al mayor acto de generosidad
y amor incondicional hacia nuestras hijas e hijos.

¡Ha llegado el momento de emprender este

viaje!

Me has avisado cuando te has sentido

preparada,

es tu momento,

nuestro momento.

Vamos a hacerlo *juntas*.

Estamos tan bien acompañadas...

nuestra matrona y

nuestra **doula**

están a nuestro lado.

Dejamos que todo fluya.

CONFIAMOS en

nuestros cuerpos,

en la naturaleza

y en la

vida.

Papá está cerca, lo sentimos aquí.

Él también confía.

Soy tu canal para nacer, estoy CONTIGO.

Te alejas de todo lo conocido y amado hasta

entonces...

... y *naces*.

Mamá acaricia suavemente mi piel,

me mira a los ojos, me habla... la reconozco.

Papá también me mira, me besa, me habla...

lo reconozco.

Lo que me rodea ahora es tan nuevo...

... ya no siento el calor de la barriga de

Mamá ...

... ahora siento hambre ... sueño ...

... y estamos tan cansadas...

Pero me abrazas,

escucho el *latido* de tu *corazón*...

... reconozco tu olor ... tu voz ... tu piel ...

... y siento que vuelvo a estar en *casa*.

Los primeros días

Los primeros días

Y llegan los primeros días,
esos primeros encuentros al otro lado de la piel,
tan deseados y anhelados.

El olor del Bebé,
sus ruiditos, sus primeras miradas, un tiempo que se distiende y se alarga,
y a la vez pasa rápido, tan rápido que al final el recuerdo solo es una impronta
en tus sentidos y en tu piel.

El postparto inmediato tiene todos los matices que podamos imaginar,
y en él pueden coexistir la máxima felicidad luminosa
y una tristeza profunda que te lleva a espacios
llenos de sombras.

Es una etapa de grandes dualidades,
donde la matrescencia y la transparencia psíquica desempeñan
un papel muy importante, por las aperturas y espacios
de gran vulnerabilidad que conllevan.

Una etapa en la que la transformación
que experimentamos como mujeres es tal
que nos sentimos otra dentro de un cuerpo
que nos cuesta reconocer como nuestro,
dentro de un mundo que ha dejado de ser el mismo
cuando hemos cruzado hasta el otro lado del lago de la vida
después de parir.

Porque una vez has parido,
no vuelves a ser la misma.
Es un salto evolutivo sin precedentes.

Una evolución en la consciencia,
en la escala de valores,
en las prioridades vitales.

Y todo esto conlleva un reajuste,
un tiempo,
un espacio de adaptación
a esta nueva realidad.

Es una etapa que pasa lenta y rápida a la vez,
y que te lleva a viajes profundos y transformadores.

El puerperio, de hecho, es el mayor viaje de nuestra vida.

Un viaje de retorno a la esencia
más pura de amor incondicional.
De reencuentro con nuestros
saberes más ancestrales y auténticos.
Un espacio donde conectar con la intuición
más allá de la mente.

Y como todo viaje,
a veces durante su transcurso
necesitamos revisar,
reflexionar y conflictuar
para poder seguir
caminando.

En este sentido es una etapa
en la que toma gran relevancia la tribu,
y el poder maternar y criar en compañía y entre iguales.
Poder disponer de un acompañamiento respetuoso
y rodearnos de personas empáticas, que sean capaces
de contener y sostener las emociones que se dan,
validando y sin juzgar.

Qué importante es entonces podernos sentir
amadas, acompañadas y respetadas
en esta etapa tan trascendental
para poder vivirla de la manera
más cuidada y sostenida posible.

En definitiva, poder sentirnos maternadas
para poder maternar.

Durante los primeros días necesitamos

intimidad

para irnos conociendo

poco a poco.

Hay momentos en los que sentimos mucha

alegría,

y momentos más difíciles

en los que nos sentimos

muy CANSADOS.

Papá sabe que es importante

que podamos estar

juntos,

así que cuida más de tu

hermanita para que podamos hacerlo.

La familia

también nos apoya,

y así podemos estar

más presentes afianzando nuestro

vínculo poderoso de amor.

Estamos aprendiendo a SER FAMILIA,

y es importante para nosotros

sentir vuestro apoyo

y vuestros ánimos.

Que nos CUIDÉIS nos ayuda a

poder CUIDAR a nuestro Bebé.

Mi alimento

Mi alimento

La vida nos ha preparado fisiológicamente
para poder alimentar a nuestros bebés,
desde el calor de nuestro cuerpo y desde la presencia
y la contención de nuestros brazos y nuestro pecho.

Hace años la lactancia materna
era vivida de una manera muy tribal,
era un legado que se transmitía de generación en generación;
las mujeres estaban acostumbradas a estar
entre otras mujeres que amamantaban,
y era vivido como algo natural e instintivo.

Actualmente los maternajes son más individuales,
y esto hace que no siempre nos resulte tan fácil amamantar
como podríamos haber esperado.

Qué importante es buscar ayuda
de profesionales expertas
que nos acompañen en este proceso,
con el fin de que sea lo más satisfactorio posible
para la Mamá y el Bebé.

Hay mujeres, también,
que por elección o por situación,
alimentan a sus bebés con leche artificial.
Dar un biberón con amor
también es un regalo,
pues los brazos y la contención
pueden darse de igual modo
sea el alimento que sea.

La lactancia es una experiencia de dos,
y es importante que todas las madres puedan sentirse
respetadas y acompañadas en sus decisiones, elecciones y vivencias,
ya que lo realmente importante es que sea
una experiencia positiva para Madre e Hija o Hijo.

Algunas mujeres a veces no tienen leche,
pero ofrecen igualmente su pecho como foco de contención y amor,
como fuente de nutrición afectiva,
ya que el pecho,
no es sólo nutrición física,
es mucho más.

En realidad, más allá de las distintas
opciones y elecciones, la entrega amorosa
cuando alimentamos es la verdadera
esencia de este acto de amor.

Mamá me da **TETA**

cuando tengo hambre...

... cuando tengo *sueño*...

... cuando tengo **MIEDO**...

... o me siento cansado...

Mama me da **TETA** cuando lo necesito,

sin prisa y con entrega...

Me da **TETA**

porque confía en ella, y en mí...

confía en que juntos

lo podemos hacer.

Mamá me da **TETA** en casa...

... cuando vamos a pasear...

... o cuando estoy en el portabebés.

Mamá me da **TETA**,

y se siente sostenida por Papá

y por las personas que la quieren y la cuidan,

para que ella pueda cuidarme,

y sostenerme a mí.

A veces hay

mamás

que también dan

TETA

aunque no tengan

leche.

Y es que existen muchas maneras

de alimentar con

 amor.

Soy un bebé canguro

Soy un bebé canguro

Como mamíferos formamos parte del grupo de los altriciales, dependemos del otro.
Nuestras crías, cuando nacen, son inmaduras
y no están preparadas para estar sin sus madres.
Una muestra de esto es el reflejo de agarre con el que nacen,
un reflejo arcaico y ancestral que nos indica que venimos
de ser porteados por la figura maternante.

Por este motivo, cuando porteamos a nuestros bebés,
no hacemos nada nuevo ni extraño para ellos,
sino que damos respuesta a una de sus necesidades básicas más importantes:
el contacto permanente y la seguridad
que esto les proporciona.

Jean Liedloff definió un concepto de continuidad
entre la vida uterina y la extrauterina.
Los humanos somos el único animal mamífero
que nace totalmente dependiente del adulto,
pues hasta los 9-12 meses no empezamos
a ser mínimamente autónomos y a desplazarnos solos,
por este motivo es de suma importancia que estemos
en permanente contacto con la figura maternal.

Este espacio de tiempo es lo que denominamos
la gestación extrauterina.

Durante los nueve meses dentro del útero materno
los bebés reciben continuamente alimento, calor, contención, contacto...
Al nacer, tendrían que seguir encontrando un hábitat igual
que les pudiera seguir aportando aquello que tenían dentro del útero.
Este lugar es el cuerpo de la Madre o de la figura materna,
y los portabebés facilitan que se pueda dar este espacio,
a la vez que respetan las necesidades
de movimiento de los adultos.

Cuando un bebé nace prematuro
es muy importante practicar el contacto piel con piel
con el método madre canguro
instaurado por Natalie Charpak en Bogotá.

Este método permite que el cuerpo de la Madre
sustituya la incubadora para los niños prematuros,
utilizando la posición canguro (piel con piel con la Madre)
y la nutrición canguro (alimentación materna).
Los profesionales sanitarios acompañan y apoyan
a la Madre y a la familia para que poco a poco
vayan ganando confianza en ellos mismos como
principales cuidadores emocionales y físicos de su Bebé.

Siempre que estamos en contacto con el Bebé,
ya sea en brazos, con un portabebés
o con el método canguro,
se refuerza la relación física y la vinculación,
y así la Madre se siente confiada
y entiende que ella es fuente
de calor, nutrición y amor para su Bebé.

Todo esto nos lleva a reafirmar que los bebés, cuando nacen,
necesitan contacto permanente, y el famoso síndrome
de una «cuna con pinchos»
nos indica que ese Bebé no nos manipula,
sino que este contacto permanente
es en realidad su necesidad auténtica.

En última instancia,
no podemos olvidarnos del puro placer
que conlleva portear,
sentir el corazón de nuestro Bebé en nuestra piel,
su calor, su olor...
En esos momentos,
el Bebé confía absolutamente en nosotros
y nos ofrecerá el privilegio de sentir que nuestros brazos
son el mejor lugar del mundo para él.

Aprovechemos esos instantes de intimidad y de amor irrepetibles,
ya que pasan mucho más rápido de lo que somos
conscientes mientras los vivimos.

Cuando nací era muy pequeñito,

mamá me llevaba como un canguro,

y su calor me ayudaba a

crecer

cada día un poquito más.

Mamá nos ha porteado

incluso cuando yo estaba en su **barriga**.

Soy un

bebé canguro

cuando te acompaño

en tu día a día.

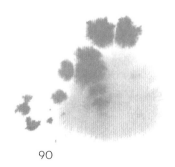

¡Y en el portabebés

también puedo

comer!

A Papá

le gusta mucho

PORTEARME

e ir a pasear.

A veces también me portea mi *abuela*...

¡... y mi hermanita!

Y ahora que ya soy un poco mayor,

nos encanta seguir siendo una

¡familia canguro!

Todo lo que necesito eres tú

Todo lo que necesito eres tú

Cuando un bebé acaba de nacer,
siente que todo su entorno es desconocido,
y necesita tiempo e intimidad para adaptarse
a estar fuera de la barriga de Mamá.
Cuando lo acunamos y le damos contención,
él vuelve a sentirse en casa, seguro y confiado,
y se puede reconocer en su propio cuerpo,
poco a poco.

A veces necesita llorar
para decirnos qué le pasa
o quizá porque se siente muy cansado o nervioso.
Este llanto puede inquietarnos,
ya que es complejo no llegar a entender lo que siente.

Todo lo que necesita en ese momento es a ti,
tu validación, tu cercanía.
Si se siente escuchado cuando llora,
se sentirá amado y aceptado también
en estos momentos difíciles.

Para poder dormir, también necesita que lo mimemos y lo acunemos...
que le hablemos y le susurremos una nana.
Necesita sentir que estaremos a su lado cuando despierte,
porque, si no estamos cerca de él, puede sentir mucho miedo.
Cuando duerme, si está a nuestro lado,
dormirá más tiempo,
se sentirá más relajado,
protegido y tranquilo.

Cuando el Bebé sea más mayor,
seguirá necesitando nuestro amor
cuando le mostremos los límites
y lo acompañemos en sus logros y dificultades,
sin juzgarlo ni criticarlo, sintiéndose amado
por quien es y no por lo que hace.
En realidad, todo lo que necesitan nuestros hijos e hijas,
de manera auténtica y genuina, es sentir nuestra mirada
presente y amorosa, y nuestra palabra dulce y respetuosa.

Que lo amemos incondicionalmente,
pues este amor es el que sostendrá su estructura emocional,
su autoestima, su autonomía y su confianza en la vida.

Sentir a su Madre cerca,
esa Madre suficientemente buena,
que conecta con sus necesidades y que, dentro de sus posibilidades,
le responde de la manera más amorosa posible.

Cuando **Mamá**

me *acuna* y me da CONTENCIÓN,

vuelvo a sentirme en

casa, SEGURO

y confiado.

Cuando **LLORO** necesito

sentirme acompañado

y tener el espacio y el

permiso para poder hacerlo.

Para poder dormir necesito sentirme

SEGURA,

que me mimes y me acunes,

mientras me susurras una

bella nana.

Para saber quién **SOY**

y reconocer mi cuerpo,

Mamá

me **ACARICIA** y me hace **MASAJES.**

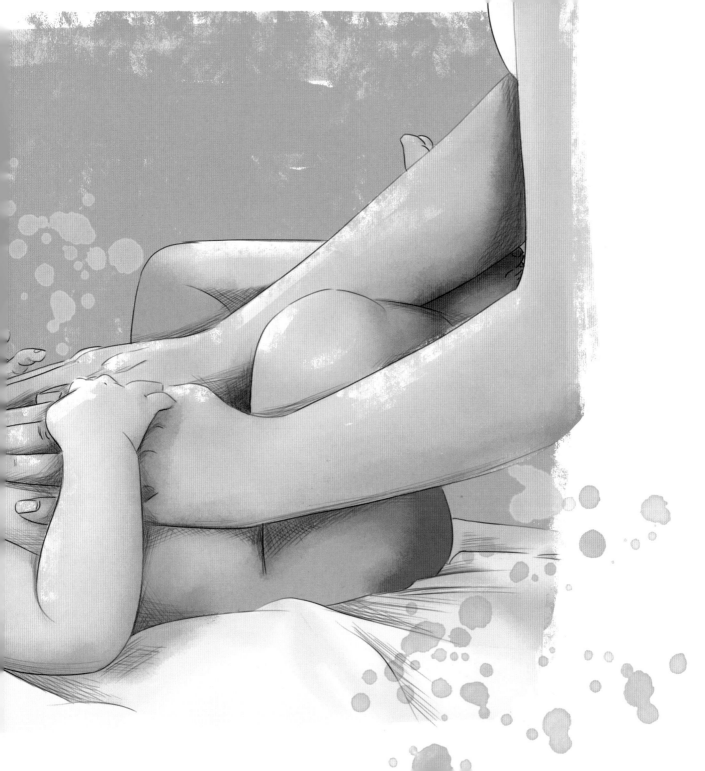

Ya voy **creciendo,**

y sigo necesitando vuestro

amor,

y que me **améis**

y **respetéis** por ser **quien soy.**

Y **nosotros** seguiremos sosteniéndote

mientras nuestros **brazos** puedan hacerlo.

Y cuando ya no tengan fuerzas,

podrás encontrar entre ellos un

refugio,

para que aquí siempre te sientas en

casa.

Epílogo

Epílogo

El viaje del amor sigue,
perdura, es infinito,
igual que nuestro
amor por nuestras hijas e hijos.

Porque la maternidad y la paternidad,
con sus luces y sus sombras,
su plenitud y su intensidad,
es el mayor viaje de crecimiento compartido
y de amor incondicional
que podamos experimentar en nuestra vida.

Y en este viaje,
seguiremos sosteniendo a nuestras criaturas
en un refugio de amor,
para que siempre puedan
sentirse de vuelta a casa.

Para todas las madres y padres
que somos hogar
para nuestros hijos e hijas,
y que los sostenemos
y sostendremos eternamente.

¡Feliz viaje!

Con amor,

Agradecimientos

Mi historia de vida me ha llevado a tomar consciencia de la importancia del cuidado, la mirada y el acompañamiento hacia las madres y los bebés, y esta trayectoria vital me ha generado el impulso de poder expandir y divulgar sobre esta etapa de la vida tan transcendental.

Después de muchos años de revisión y crecimiento, siento un profundo agradecimiento hacia todas las personas que he amado y me han amado, y junto a las que he evolucionado.

Podría hacer un libro entero con vuestros nombres, pero l@s que formáis parte de mi corazón y mi alma, con quienes en algún momento de nuestras vidas nos hemos cruzado y con quienes este encuentro perdura en el tiempo, sabéis quiénes sois. Gracias por tanto amor.

Un agradecimiento especial a Verónica, por la magia de sus ilustraciones, y a mis amigas, hermanas y compañeras Anna, Antonella, Natalia y Alba, por apoyarme en este proyecto y ayudarme con las revisiones.

Agradecerte siempre Dani, por tu incondicionalidad. Los proyectos nacen porque tú estás, sosteniendo y apoyando. Y a mis Hijas e Hijos, los de aquí y los de allí, mi viaje a vuestro lado es el impulso más poderoso hacia el amor.

Y en este libro, un agradecimiento hacia ti, Mamá, con quién compartimos treinta y seis años de muchos colores, una vida entera de aprendizajes. La idea de este libro, de este viaje del amor, empezó en 2012. Y en 2016, un año antes de tu partida,

se empezó a materializar. Recuerdo tantas horas de hospital escribiendo, revisando, leyéndolo juntas… ¡Ojalá pudieses tenerlo en las manos!

Pero estoy segura de que has visto lo bonito que ha quedado, pues sé que estás y que me cuidas, y nos cuidas, desde las estrellas.

Bibliografía

BUSQUETS, Marta. *Mi embarazo y mi parto son míos.* (2019 Ed. Pol·len)

CAMPOS, Imma. *El poder del embarazo.* (2021 Ed. Amat)

CASADEVALL, Laia. *Guía para un embarazo consciente / Parir en casa.* (2021-2022 Ed. Vergara)

CHAMBERLAIN, David. *La mente del bebé recién nacido.* (2002 Ed. OB Stare)

CHARPAK, Nathalie. *Bebés canguros.* (2006 Ed. Gedisa Mexicana S.A.)

DOÑATE, Ángeles y POZO, Patricia. *Cuando la cigüeña se pierde.* (2010 Ed. Oceano Ambar)

DYER, Dr. Wayne W y GARNES, Dee. *Memorias del Cielo: Recuerdos asombrosos que los niños conservan del mundo espiritual.* (2016 Ed. Gala Ediciones)

GASKIN, Ina May. *Guía del nacimiento.* (2016 Ed. Capitán Swing) / *Nacer Importa.* (2021 Ed. La Llave)

GUILLAMÓN, Gemma. *Las herramientas de la porteóloga. Guía para profesionales que acompañan familias en el arte del porteo.* (2019 Ed. Independiente)

GUTMAN, Laura. *La maternidad y el encuentro con la propia sombra.* (2015 Ed. Planeta)

GÓMEZ PAPI, Adolfo. *El poder de las caricias. Crecer sin lágrimas.* (2010 Ed. Espasa)

JOVÉ, Rosa. *Dormir sin lágrimas.* (2006 Ed. La Esfera de los Libros)

KAURI, Ana y MATEU, Agnès. *Diario de embarazo. Un viaje hacia el encuentro.* (2022)

KITZINGER, Sheila. *Nacer en casa*. (2002 Ed. RBA Integral)

LIEDLOFF, Jean Liedloff. *El concepto del continuum*. (2016 Ed. Ob Stare)

LIM, Robin. *La placenta, el chakra olvidado*. (2010 Ed. OB Stare)

LÓPEZ, Ester. *Maternar consciente*. (2023 Ed. Grijalbo)

MORENO, Carmen. *Postparto en positivo*. (2022 Ed. Vergara)

PADRÓ, Alba. *Somos la leche / Mucha teta; El manual de lactancia materna / Destete*. (2017 y 2022 Ed. Grijalbo)

ODENT, Dr. Michel. *El bebé es un mamífero / La vida fetal, el nacimiento y el futuro de la humanidad…* (2009 Ed. Ob Stare)

OLTRA, Laia y MATEU, Agnès. *Hermana placenta*. (2021)

OLZA, Ibone Olza. *Palabra de madre / Parir*. (2022 y 2017 Ed. Vergara)

PASCUAL, Elisenda. *Criar y jugar*. (2018 Ed. Urano)

ROIG, Paola. *Madre*. (2022 Ed. Bruguera)

ROS, Andrea. *Lo hago como madremente puedo*. (2022 Ed. Destino)

SOLTER, Aletha. *Mi bebé lo entiende todo*. (2002 Ed. Medici)

VERNY, Dr. Thomas y KELLY, John. *La vida secreta del niño antes de nacer*. (1988 Ed. Urano)

WILD, Rebecca. *Libertad y límites. Amor y respeto: lo que los niños necesitan de nosotros*. (2012 Ed. Herder)

WINNICOTT, Donald W. *Los bebés y sus madres*. (2021 Ed. Paidós)

Referencias

BYDLOWSKI, Monique. Transparecia Psiquica (2007)

ESTRADA, Neus. Puerperio
[www.llunadellum.com/] Instagram: @neus.estrada

HINOJOSA, Ángeles. Consciencia en el nacimiento
[www.angeleshinojosa.wordpress.com/]
Instagram: @angeleshinojosa_terapeuta

LAINEZ, Blanca. Comadrona
[www.blancalainez.com] Instagram: @blancalainez_matrona

PÉREZ, Esther. Placenta
Instagram: @esther_placentama

RAPHAEL, Dana, Ph.D. (1973) & ATHAN, Aurélie (2008). Matrescencia
[www.matrescence.com/]

SALA, Carlota "Ninyacolorita". Crianza
[www.ninyacolorita.com/] Instagram: @ninyacolorita

DONA LLUM - Associació Catalana per un Part Respectat
[www.donallum.org]

Lactapp. Lactancia
[www.lactapp.com]

Pinzamiento Óptimo del Cordón Umbilical
[www.pinzamientoptimo.org]

Plataforma Pro Derechos del Nacimiento
[www.pdn.pangea.org/]

Cor a Cor. Duelo gestacional y neonatal
Instagram: @cor_a_cor_noeliasanchez

Porteo Natural. Portabebés
Instagram: @porteonatural

Primera edición: marzo de 2024

© 2024, Núria Alsina Punsola, por los textos
Ilustraciones de Verónica Pérez Rodríguez
© 2024, Penguin Random House Grupo Editorial, S.A.U.
Travessera de Gràcia, 47-49. 08021 Barcelona

Printed in Spain — Impreso en España

ISBN: 978-84-253-6658-1
Depósito legal: B-587-2024

Impreso en Talleres Gráficos Soler S.A.
Esplugues de Llobregat (Barcelona)

GR 6 6 5 8 1